Für Sophia von Ur-Oma
Zum Geburtstag 22.10.2011

Die schönsten Grimms Märchen

nacherzählt von Gisela Fischer
illustriert von Erika Nerger

Egmont Pestalozzi Verlag, München

Der Wolf und die sieben jungen Geißlein

Eine Geiß hatte sieben junge Geißlein, die sie über alles liebte und sorgfältig vor dem Wolf hütete.
Eines Tages musste sie ausgehen, um Futter zu holen. Sie rief die Geißlein zu sich und sprach: „Liebe Kinder, ich muss ausgehen und Futter holen. Seid auf der Hut vor dem Wolf. Der Bösewicht verstellt sich oft. Aber an seiner rauen Stimme und an seinen schwarzen Füßen werdet ihr ihn gleich erkennen. Lasst ihn nicht ins Haus, sonst frisst er euch mit Haut und Haar."
Da sagten die Geißlein: „Geh nur unbesorgt, wir lassen niemanden herein."
Und die alte Geiß machte sich auf den Weg.
Bald darauf aber kam der Wolf zum Geißenhaus, klopfte an die Haustür und rief: „Macht auf, liebe Kinder, eure Mutter ist da und hat euch schöne Sachen mitgebracht!"
Doch die Geißlein sprachen: „Unsere Mutter bist du nicht! Die hat eine helle Stimme, deine Stimme aber ist rau. Du bist der Wolf, wir machen dir nicht auf!"

Da ging der Wolf zu einem Krämer und kaufte sich ein großes Stück Kreide. Als er die gegessen hatte, war seine Stimme nicht mehr rau, sondern ganz hell.
Danach begab er sich erneut zum Haus der Geißlein, klopfte an die Haustür und rief mit heller Stimme: „Macht auf, liebe Kinder, eure Mutter ist da und hat jedem von euch etwas mitgebracht!"
Der Wolf hatte aber seine schwarze Pfote ins Fenster gelegt. Die sahen die sieben Geißlein und riefen: „Nein, unsere Mutter bist du nicht! Die hat keinen schwarzen Fuß wie du. Du bist der böse Wolf. Wir machen dir nicht auf!"

Sofort lief der Wolf zu einem Bäcker und sprach: „Bäcker, bestreich mir meine Pfote mit frischem Teig." Der Bäcker tat, wie der Wolf ihn geheißen.
Darauf lief der Bösewicht zum Müller und sprach: „Müller, streu mir Mehl auf meine Pfote!"
Der Müller ahnte sogleich, dass der Wolf nichts Gutes im Sinn hatte, und weigerte sich.
Da drohte der Wolf: „Wenn du es nicht tust, fress ich dich!" Der Müller bekam es mit der Angst zu tun, bangte um sein Leben und tat, was der Wolf von ihm verlangte. Darauf begab sich der Wolf zum dritten Mal zum Haus der Geißlein, klopfte wieder an die Haustür und rief: „Macht mir auf, liebe Kinder, ich bin eure Mutter und habe jedem von euch etwas mitgebracht!"

„Zeig uns erst deine Pfote!", riefen
die Geißlein.
Da hob der Wolf die Pfote vors Fenster,
und die Geißlein sahen, dass sie schneeweiß war.
Und weil der Wolf nun mit so hoher Stimme zu ihnen
sprach, glaubten sie, ihre Mutter sei wirklich zurückgekommen.
Sie öffneten die Haustür und herein stürzte der böse Wolf.
Ach, wie erschraken da die Geißlein! Sie versteckten sich, so
gut es ging. Das eine sprang unter den Tisch, das zweite ins
Bett, das dritte in den Ofen, das vierte in die Küche, das
fünfte in den Schrank, das sechste schlüpfte in eine Wasch-
schüssel und das siebente in den Kasten der Wanduhr. Aber
der böse Wolf fand sie alle und verschlang sie. Nur das
jüngste Geißlein im Uhrenkasten, das fand er nicht.

Als der Wolf sich voll gefressen hatte, ging er fort. Bald darauf kam die Geiß nach Hause. Ach, wie erschrak sie! Der Wolf war da gewesen und hatte ihre lieben Kinder gefressen. Sie rief eins nach dem anderen beim Namen, doch keines antwortete. Endlich, als sie nach dem jüngsten rief, hörte sie eine klägliche Stimme: „Mutter, hier bin ich, im Uhrenkasten!" Sie holte das Geißlein heraus und es erzählte ihr, wie alles gekommen war. Da weinte die Geiß und in ihrem Kummer lief sie hinaus. Das jüngste Geißlein folgte ihr. Als sie auf die Wiese kamen, sahen sie den Wolf dort liegen und schlafen. Die Geiß betrachtete ihn von allen Seiten und sah, dass in seinem dicken Bauch etwas zappelte.

Beherzt schnitt sie dem Bösewicht den Bauch auf, und schon sprangen die sechs Geißlein heraus, die er in seiner Gier ganz hinuntergeschluckt hatte. Sie füllten dem Wolf den Bauch mit dicken Wackersteinen. Dann nähte die Geiß ihn in aller Eile wieder zu und versteckte sich mit ihren Kindern. Als der Wolf ausgeschlafen hatte, stand er schwerfällig auf. Da stießen die Steine in seinem Bauch aneinander. „Was rumpelt und pumpelt in meinem Bauch herum? Ich hab doch nur sechs Geißlein gegessen!" Er hatte Durst und ging zum Brunnen.

Als er sich darüber beugte, zogen ihn die Steine kopfüber hinein. Da kamen die sieben Geißlein herbei und tanzten mit ihrer Mutter vor Freude um den Brunnen.

Es war einmal ein kleines süßes Mädchen. Und jeder, der es nur ansah, hatte es lieb, am allerliebsten aber seine Großmutter. Die wusste gar nicht, was sie dem Kinde alles geben sollte. Einmal schenkte sie ihm ein Käppchen aus rotem Samt, und weil es ihm so gut stand, wollte es nichts anderes mehr tragen. Darum nannten es alle von nun an nur noch „Rotkäppchen".

Eines Tages sagte die Mutter: „Komm, Rotkäppchen, hier hast du ein Stück Kuchen und eine Flasche Wein, bring das der Großmutter hinaus. Sie ist krank und schwach und soll sich daran stärken. Sei hübsch brav und geh nicht vom Weg ab, sonst fällst du und zerbrichst die Flasche, und die arme Großmutter hat nichts. Und wenn du in ihre Stube kommst, so vergiss nicht, guten Morgen zu wünschen."

„Ich will schon alles gut machen", versprach Rotkäppchen.

Die Großmutter aber wohnte draußen im Wald, eine halbe Stunde vom Dorf entfernt.

Wie nun Rotkäppchen in den Wald kam, begegnete ihm der Wolf. Rotkäppchen aber wusste nicht, was für ein böses Tier das war, und fürchtete sich nicht vor ihm.

„Guten Tag, Rotkäppchen", sagte der Wolf freundlich. „Wohin gehst du so früh?" – „Zur Großmutter", antwortete Rotkäppchen. „Und weil sie krank ist, bringe ich ihr Kuchen und Wein. Das wird sie stärken, sagt die Mutter."
„Rotkäppchen, wo wohnt deine Großmutter?"
„Noch eine gute Viertelstunde weiter im Wald, unter den drei großen Eichen, da steht ihr Haus", sagte Rotkäppchen. Der Wolf dachte bei sich: „Das zarte junge Ding, das ist ein feiner Bissen, der wird noch besser schmecken als die Alte. Ich muss es listig anfangen, um beide zu erwischen."
Er ging ein Weilchen neben Rotkäppchen her, dann sprach er: „Rotkäppchen, sieh einmal die schönen Blumen, die ringsumher stehn! Warum guckst du dich nicht um? Ich glaube, du hörst gar nicht, wie lieblich die Vöglein singen. Du läufst ja dahin, als ob du zur Schule gingst."
Rotkäppchen schlug die Augen auf. Als es sah, wie die Sonnenstrahlen durch die Bäume tanzten und alles voll schöner Blumen stand, dachte es: „Wenn ich der Großmutter einen Blumenstrauß mitbringe, wird sie sich sicher freuen. Es ist so früh am Tag, dass ich immer noch rechtzeitig komme." Und es sprang in den Wald und suchte Blumen.

Und wenn Rotkäppchen eine Blume gepflückt hatte, meinte es, ein Stück weiter stünde eine noch schönere, und so geriet es immer tiefer in den Wald hinein.
Der Wolf aber ging geradewegs zum Haus der Großmutter und klopfte an die Tür.
„Wer ist draußen?", fragte die Großmutter.
„Rotkäppchen!", antwortete der Wolf. „Ich bringe dir Kuchen und Wein."
„Drück nur auf die Klinke!", rief die Großmutter. „Ich bin zu schwach und kann nicht aufstehn."
Der Wolf drückte auf die Klinke und die Tür sprang auf. Da ging er hinein, trat ans Bett der Großmutter und verschluckte sie. Dann zog er ihre Kleider an, setzte ihre Haube auf und legte sich in ihr Bett.
Rotkäppchen war inzwischen nach Blumen herumgelaufen. Und erst als es so viele hatte, dass es sie kaum noch tragen konnte, machte es sich auf den Weg zur Großmutter.
Rotkäppchen wunderte sich, dass die Tür offen stand. Und als es die Stube betrat, dachte es: „Wie ängstlich wird mir heut zu Mute! Ich bin doch sonst so gern bei der Großmutter!"
Dann ging es zum Bett und zog den Vorhang zurück. Da lag die Großmutter und sah so wunderlich aus.
„Ei Großmutter", rief Rotkäppchen, „was hast du für große Ohren!"
„Dass ich dich besser hören kann!"
„Ei Großmutter, was hast du für große Augen!"
„Dass ich dich besser sehen kann!"
„Ei Großmutter, was hast du für große Hände!"
„Dass ich dich besser packen kann!"
„Aber Großmutter, was hast du für ein entsetzlich großes Maul?"
„Dass ich dich besser fressen kann!"
Und damit sprang der Wolf aus dem Bett und verschlang

auch das arme Rotkäppchen. Dann legte er sich wieder ins Bett, schlief gleich ein und fing laut zu schnarchen an.
Nach einer Weile kam der Jäger am Haus der Großmutter vorbei und dachte: „Die alte Frau schnarcht doch sonst nicht so! Ich werde einmal nachsehen, ob ihr etwas fehlt."
Er trat in die Stube. Und als er ans Bett kam, sah er den Wolf darin liegen, den er schon so lange gesucht hatte. „Der hat bestimmt die Großmutter gefressen!", dachte der Jäger. „Vielleicht ist sie noch zu retten, ich will lieber nicht schießen." Er nahm eine Schere und schnitt dem Wolf den Bauch auf. Schon nach ein paar Schnitten sah er das rote Käppchen leuchten, und noch ein paar Schnitte, da sprang Rotkäppchen heraus und rief: „Ach, wie war ich erschro-

cken! Wie war es so finster im Bauch des Wolfes!"
Und dann kam die Großmutter auch noch lebendig heraus. War das eine Freude!
Rotkäppchen holte geschwind große Steine. Damit füllten sie dem Wolf den Leib. Als der Räuber aufwachte, wollte er aufspringen und fortlaufen. Aber die Steine waren so schwer, dass er tot zur Erde fiel. Da waren alle drei vergnügt und feierten. Die Großmutter und der Jäger tranken von dem mitgebrachten Wein und alle drei aßen Kuchen. Schließlich zog der Jäger dem Wolf den Pelz ab und ging damit heim. Rotkäppchen aber dachte bei sich: „Ich will mein Lebtag nicht wieder allein vom Weg ab in den Wald laufen, wenn es mir die Mutter verboten hat."

Es war einmal eine arme Witwe, die lebte einsam in einem Hüttchen. Vor dem Hüttchen war ein Garten, in dem zwei Rosenbäumchen standen. Eins davon trug weiße, das andere rote Rosen. Die Witwe hatte zwei Kinder. Beide waren fleißig und gut. Schneeweißchen war nur stiller und sanfter als Rosenrot. Wenn Rosenrot in den Wiesen umhersprang, Blumen suchte und Schmetterlinge fing, saß Schneeweißchen daheim bei der Mutter, half ihr bei der Hausarbeit oder las ihr vor. Die beiden Kinder hatten einander so lieb, dass sie sich immer an den Händen hielten, wenn sie zusammen ausgingen. Wenn Schneeweißchen sagte: „Wir wollen uns nicht verlassen!", antwortete Rosenrot: „Solange wir leben nicht." Und die Mutter setzte hinzu: „Was das eine hat, soll's mit dem anderen teilen."

Oft liefen die Kinder allein im Wald umher und sammelten Beeren. Kein Tier tat ihnen etwas zu Leide, sondern alle kamen zutraulich herbei. Und wenn sie sich im Wald verspätet hatten und die Nacht sie überfiel, legten sie sich nebeneinander aufs Moos und schliefen bis zum Morgen. Die Mutter wusste das und machte sich ihretwegen keine Sorgen. Eines Abends im Winter saßen sie am Herd.

Die Mutter las aus einem großen Buch vor und die beiden Mädchen spannen. Neben ihnen lag ein Lämmchen auf dem Boden, und hinter ihnen auf einer Stange saß ein weißes Täubchen und hatte den Kopf unter seine Flügel gesteckt. Plötzlich klopfte es an der Tür. Die Mutter sprach: „Geschwind, Rosenrot, mach auf! Es wird ein Wanderer sein, der Obdach sucht."

Rosenrot ging und schob den Riegel zurück. Doch als es die Tür öffnete, stand kein armer Mann davor. Ein Bär streckte seinen dicken Kopf zur Tür herein. Rosenrot schrie laut und sprang zurück, und Schneeweißchen versteckte sich hinter der Mutter. Der Bär aber sprach: „Fürchtet euch nicht, ich tu euch nichts zu Leide. Ich bin halb erfroren und will mich nur ein wenig bei euch wärmen."

„Du armer Bär", sprach nun die Mutter, „leg dich ans Feuer und gib nur Acht, dass dir dein Pelz nicht verbrennt." Dann rief sie: „Schneeweißchen und Rosenrot, kommt, der Bär tut euch nichts." Da kamen beide heran, und auch das Täubchen und das Lämmchen näherten sich. Nicht lange, so wurden die Kinder zutraulich und hatten ihren Spaß mit dem unbeholfenen Gast. Der Bär ließ sich's gefallen. Nur wenn sie es gar zu arg trieben, rief er: „Lasst mich am Leben, Kinder. Schneeweißchen, Rosenrot, schlägst dir den Freier tot."

Als es Schlafenszeit war, sagte die Mutter: „Du kannst am Herd liegen bleiben." Sobald der Tag graute, ließen ihn die Kinder hinaus. Der Bär kam nun jeden Abend, und die Kinder waren so an ihn gewöhnt, dass die Tür nicht eher zugeriegelt wurde, bis der braune Geselle da war.
Im Frühjahr sagte der Bär eines Morgens: „Ich muss fort und darf den ganzen Sommer nicht wiederkommen. Ich muss in den Wald und meine Schätze vor den bösen Zwergen hüten. Im Winter, wenn die Erde gefroren ist, können sie sich nicht durcharbeiten und müssen unten bleiben. Doch wenn die Sonne die Erde aufgetaut hat, kommen sie herauf, suchen und stehlen."

Und schon war der Bär im Wald verschwunden. Nach einiger Zeit schickte die Mutter die Kinder in den Wald zum Reisigsammeln. Sie fanden draußen einen großen, gefällten Baum, und an dem Stamm sprang etwas auf und ab. Als sie näher kamen, sahen sie einen Zwerg mit einem langen weißen Bart. Das Bartende war in eine Spalte des Baumes eingeklemmt, und der Kleine sprang hin und her und wusste nicht, wie er sich befreien könnte. Er schrie: „Was steht ihr da? Könnt ihr mir nicht helfen?" Die Kinder versuchten, den Bart herauszuziehen, aber er steckte zu fest. Da holte Schneeweißchen sein Scherchen hervor und schnitt das Ende des Bartes ab.

Sobald sich der Zwerg frei fühlte, griff er nach einem Sack mit Gold, der zwischen den Wurzeln des Baumes steckte.
„Ungehobeltes Volk, schneidet mir ein Stück von meinem Bart ab!", schimpfte er und ging davon.
Einige Zeit später wollten Schneeweißchen und Rosenrot ein paar Fische angeln. Als sie zum Bach kamen, sahen sie etwas, das wie eine Heuschrecke aussah, zum Wasser hüpfen.

Sie liefen heran und erkannten den Zwerg. Er hatte geangelt und der Wind hatte seinen Bart mit der Angelschnur verflochten.

Als gleich darauf ein großer Fisch anbiss, fehlte dem kleinen Kerl die Kraft, ihn herauszuziehen. Die Mädchen versuchten vergebens, den Bart von der Schnur loszumachen. Es blieb nichts anderes übrig, als mit dem Scherchen wieder ein Stück vom Bart abzuschneiden.

Kaum war das getan, schrie der Zwerg sie an: „Ist das eine Art, einem das Gesicht zu verunstalten? Ich darf mich vor den Meinigen gar nicht mehr sehen lassen!" Dann holte er einen Sack Perlen aus dem Schilf hervor und verschwand hinter einem Stein.

Bald darauf schickte die Mutter die Mädchen in die Stadt. Da sahen sie über einer felsigen Heide einen großen Vogel, der bei einem Felsen niederstieß. Sie hörten einen jämmerlichen Schrei und sahen, dass ein Adler den Zwerg gepackt hatte. Schneeweißchen und Rosenrot liefen voller Mitleid rasch hinzu, um dem Männchen zu helfen. Sie hielten es fest und zerrten so stark und so lange an ihm, bis der Adler schließlich seine Beute fahren ließ.
Kaum hatte sich der Zwerg von seinem ersten Schrecken erholt, schrie er zornig:

„Konntet ihr nicht säuberlicher mit mir umgehen? Ihr habt an meinem Röckchen gerissen, dass es ganz zerfetzt und durchlöchert ist! Unbeholfenes, täppisches Gesindel!" Dann nahm er einen Sack mit Edelsteinen und verschwand unter einem Felsen. Die Mädchen waren seinen Undank schon gewöhnt und setzten ihren Weg fort. Als sie auf dem Heimweg über die Heide kamen, überraschten sie den Zwerg, der einen Sack mit Edelsteinen ausgeschüttet hatte. Die Abendsonne schien auf die glänzenden Steine und ließ sie so prächtig schimmern und leuchten, dass die Kinder staunend stehen blieben.

„Was steht ihr da und haltet Maulaffen feil?", schrie der Zwerg und sein aschgraues Gesicht wurde ganz rot vor Zorn.

Da ließ sich plötzlich ein lautes Brummen hören und ein wilder Bär kam aus dem Wald angetrabt. Erschrocken sprang der Zwerg auf und wollte flüchten. Doch der Bär war schon zu nahe. Da rief der Kleine in seiner Herzensangst: „Lieber Herr Bär, verschont mich! Ich will Euch all meine Schätze geben. Seht dort die Edelsteine! Schenkt mir das Leben! Was habt Ihr schon an mir schmächtigem Kerl? Packt lieber die beiden gottlosen Mädchen dort! Das sind für Euch zarte Bissen, fett wie junge Wachteln!"

Doch der Bär kümmerte sich nicht um seine Worte. Er gab dem boshaften Zwerg einen einzigen Schlag mit der Tatze und er regte sich nicht mehr. Die Mädchen waren schnell fortgesprungen. Da hörten sie, wie der Bär ihnen nachrief: „Schneeweißchen und Rosenrot, fürchtet euch nicht! Wartet, ich will mit euch gehen."

Sie erkannten seine Stimme und blieben stehen. Als der Bär bei ihnen war, fiel plötzlich die Bärenhaut ab, und vor ihnen stand ein schöner Mann. „Ich bin ein Königssohn", sprach er. „Der Zwerg hatte mich verwünscht, bis zu seinem Tod als Bär durch den Wald zu laufen. Nun bin ich erlöst."

Schneeweißchen wurde mit dem Königssohn vermählt und Rosenrot mit seinem Bruder. Sie teilten miteinander die großen Schätze, die der Zwerg in seiner Höhle zusammengetragen hatte. Die Mutter lebte noch viele Jahre glücklich bei ihren Kindern. Die beiden Rosenbäumchen hatte sie mitgenommen. Sie standen vor ihrem Fenster und trugen jedes Jahr die schönsten Rosen, weiß und rot.

Der Froschkönig

Es war einmal eine Königstochter, die ging hinaus in den Wald und setzte sich an einen kühlen Brunnen. Sie hatte eine goldene Kugel, die war ihr liebstes Spielzeug. Sie nahm sie, warf sie in die Höhe und fing sie wieder auf. Eines Tages war die Kugel besonders hoch geflogen. Die Königstochter hatte die Hände schon ausgestreckt, um sie aufzufangen. Doch die Kugel schlug neben ihr auf der Erde auf, rollte und rollte, geradewegs ins Wasser hinein.
Die Königstochter blickte ihr erschrocken nach, aber der Brunnen war so tief, dass man den Grund nicht sehen konnte.
Da fing sie an, jämmerlich zu weinen und zu klagen: „Ach, wenn ich doch meine Kugel wiederhätte! Ich würde alles dafür geben! Meine Kleider, meine Edelsteine, meine Perlen und was ich sonst noch Kostbares habe."
Als sie so klagte, streckte ein Frosch seinen Kopf aus dem Wasser und fragte: „Königstochter, warum jammerst du denn so?"

„Ach, du garstiger Frosch", sagte die Königstochter, „wie kannst du mir schon helfen? Meine goldene Kugel ist mir in den Brunnen gefallen." Darauf sagte der Frosch: „Deine Perlen, Edelsteine und Kleider verlange ich nicht. Aber wenn du mich zum Gesellen nehmen willst, wenn ich bei Tisch neben dir sitzen und von deinem Tellerlein essen und ich in deinem Bettlein schlafen darf und wenn du versprichst, mich lieb zu haben, so will ich dir deine

Kugel holen." Die Königstochter dachte: „Was schwätzt der einfältige Frosch! Er muss doch im Wasser bleiben. Aber vielleicht kann er mir meine Kugel holen. Darum will ich ja sagen."
Und so sagte sie: „Meinetwegen! Bring mir nur erst meine Kugel wieder."
Da steckte der Frosch seinen Kopf unters Wasser und tauchte hinab. Es dauerte nicht lange, da kam er wieder herauf, hatte die Kugel und warf sie an Land.

Die Königstochter war voller Freude, als sie ihr schönes Spielzeug wieder sah. Sie lief darauf zu, hob es auf und war so froh, dass sie an nichts weiter dachte und nach Hause eilte.

„Warte, Königstochter, warte!", rief ihr der Frosch nach. „Nimm mich mit, wie du es mir versprochen hast!" Sie aber hörte nicht darauf.

Am anderen Tage, als sie mit der königlichen Familie bei Tisch saß, da hörte sie – plitsch, platsch! – etwas die Marmortreppe heraufkommen. Jemand rief: „Königstochter, jüngste, mach mir auf!"

Sie lief hin, machte auf und sah den Frosch, an den sie nicht mehr gedacht hatte. Rasch warf sie die Tür zu und setzte sich wieder an den Esstisch. Der König aber sah, dass sie Herzklopfen hatte, und fragte: „Mein Kind, wovor fürchtest du dich?"

„Draußen ist ein garstiger Frosch", sagte sie, „der hat mir meine goldene Kugel aus dem Wasser geholt. Ich versprach ihm dafür, er solle mein Geselle werden. Ich hätte nie

gedacht, dass er aus seinem Wasser herauskönne. Nun sitzt er draußen vor der Tür und will herein."
In diesem Augenblick klopfte es und jemand rief:

„Königstochter, jüngste, mach mir auf!
Weißt du nicht, was gestern du zu mir gesagt
bei dem kühlen Brunnenwasser?
Königstochter, jüngste, mach mir auf!"

Der König befahl: „Was du versprochen hast, musst du auch halten. Geh und mach dem Frosch die Tür auf!"
Sie gehorchte und der Frosch hüpfte herein, immer hinter ihr her bis zu ihrem Stuhl. Als sie sich wieder gesetzt hatte, rief er: „Heb mich auf den Tisch!" Die Königstochter wollte nicht, aber der König befahl es ihr. „Nun schieb mir dein goldenes Tellerchen her, ich will mit dir davon essen!", sagte der Frosch. Das musste sie auch tun. Als der Frosch satt war, sagte er: „Nun bin ich müde und will schlafen. Bring mich hinauf in dein Kämmerlein und mach dein Bettlein zurecht. Da wollen wir uns schlafen legen."

Die Königstochter fürchtete sich vor dem kalten Frosch und fing an zu weinen. Zornig befahl ihr der König zu tun, was sie versprochen hatte. Sie packte den Frosch widerwillig mit zwei Fingern, trug ihn in ihre Kammer und legte sich ins Bett. Doch statt den Frosch neben sich zu legen, warf sie ihn – platsch! – gegen die

Wand. „Nun wirst du mich in Ruhe lassen, garstiger Frosch!" Aber von der Wand fiel kein toter Frosch! Vielmehr stand ein schöner junger Königssohn da. Er gefiel der Königstochter über alle Maßen. Und als er sie fragte, ob sie seine Frau werden wolle, sagte sie gern ja.
Am nächsten Morgen kam ein prächtiger Wagen mit acht Pferden vorgefahren. Dabei war der Diener des Königssohns, der treue Heinrich. Er hatte solchen Kummer gehabt, als sein Herr in einen Frosch verwandelt worden war, dass er sich drei eiserne Bande um sein Herz legen ließ, damit es nicht vor lauter Traurigkeit zerspränge. Der Königssohn setzte sich mit der Königstochter in die Kutsche, der treue Heinrich stellte sich

hinten auf. Als sie ein Stück des Wegs gefahren waren, hörte der Königssohn hinter sich ein lautes Krachen. Er drehte sich um und rief:

„Heinrich, der Wagen bricht!"
„Nein, Herr, der Wagen nicht,
es ist ein Band von meinem Herzen,
das da lag in großen Schmerzen,
als Ihr in dem Brunnen saßt
und ein Frosch gewesen wart."

Noch einmal und noch einmal krachte es, und der Königssohn meinte immer, der Wagen bräche. Doch es waren nur die Bande, die vom Herzen des treuen Heinrich absprangen, weil sein Herr erlöst und glücklich war.

Schneewittchen und die sieben Zwerge

Es war einmal eine Königin, die bekam ein Töchterlein. Das hatte eine Haut so weiß wie Schnee, Lippen so rot wie Blut und Haare so schwarz wie Ebenholz. Darum wurde es Schneewittchen genannt. Aber die Königin starb, und über ein Jahr nahm sich der König eine andere Gemahlin. Die war sehr schön und sehr stolz auf ihre Schönheit. Sie hatte einen Spiegel. Vor den trat sie jeden Morgen und fragte: „Spieglein, Spieglein an der Wand, wer ist die Schönste im ganzen Land?" Und immer sprach der Spiegel: „Ihr, Frau Königin, seid die Schönste im Land." Schneewittchen aber wuchs heran und wurde so schön wie der klare Tag. Und eines Tages antwortete der Spiegel: „Frau Königin, Ihr seid die Schönste hier, aber Schneewittchen ist tausendmal schöner als Ihr."

Da erschrak die Königin und von diesem Tag an hasste sie Schneewittchen. Sie befahl einem Jäger, es in den Wald zu bringen und zu töten. Schneewittchen flehte den Jäger an, es am Leben zu lassen. Es wolle auch nicht mehr zurückkommen, sondern im Wald bleiben. Da hatte der Jäger Mitleid und ließ Schneewittchen laufen. Der Königin erzählte er, das Mädchen sei tot. Schneewittchen irrte den ganzen Tag im Wald umher. Endlich, als die Sonne unterging, kam es zu einem kleinen Haus. Es gehörte den sieben Zwergen. Doch sie waren nicht zu Hause, sondern im Bergwerk. Schneewittchen ging hinein und fand alles klein, aber niedlich und rein.

Da stand ein Tischlein mit sieben kleinen Tellern, dabei sieben Becherlein, und an der Wand standen sieben Bettlein nebeneinander.

Schneewittchen war hungrig und durstig und aß von jedem Tellerlein ein wenig und trank aus jedem Becherlein einen Schluck, denn es wollte nicht einem alles wegnehmen. Und weil es so schrecklich müde war, wollte es sich schlafen legen. Es probierte nacheinander die sieben Bettlein aus. Keines war ihm aber recht, bis auf das siebente. In das legte es sich und schlief.

Als es dunkel war, kamen die Herren des Häuschens von ihrer Arbeit heim. Sie sahen sofort, dass jemand in ihrem Haus gewesen war.

Der erste sprach: „Wer hat auf meinem Stühlchen gesessen?"
Der zweite: „Wer hat von meinem Tellerchen gegessen?"

Der dritte: „Wer hat von meinem Brötchen genommen?"
Der vierte: „Wer hat von meinem Gemüschen gegessen?"
Der fünfte: „Wer hat mit meinem Gäbelchen gestochen?"
Der sechste: „Wer hat mit meinem Messerchen geschnitten?"
Der siebente: „Wer hat aus meinem Becherlein getrunken?"
Danach sah sich der erste um und sagte: „Wer hat in mein Bettchen getreten?"
Der zweite: „Ei, in meinem hat auch jemand gelegen." Und so weiter bis zum siebenten. Als er nach seinem Bett sah, fand er das Schneewittchen darin liegen und schlafen. Da kamen die Zwerge alle mit ihren Laternen herbei und betrachteten Schneewittchen. „Ei du mein Gott!", riefen sie. „Wie ist das Mädchen schön!" Sie freuten sich sehr und ließen es weiterschlafen.

Am nächsten Morgen erzählte ihnen Schneewittchen seine ganze Geschichte. Die Zwerge hatten Mitleid, und das Mädchen durfte bei ihnen bleiben und führte ihnen den Haushalt.

Als nun die Königin Schneewittchen tot glaubte, befragte sie wieder ihren Spiegel: „Spieglein, Spieglein an der Wand, wer ist die Schönste im ganzen Land?"

Da antwortete der Spiegel wieder: „Frau Königin, Ihr seid die Schönste hier, aber Schneewittchen, über den sieben Bergen, bei den sieben Zwergen, ist noch tausendmal schöner als Ihr." Nun merkte sie, dass der Jäger sie betrogen hatte. Sie verkleidete sich als Krämerin und begab sich zum Haus der Zwerge. Dort bot sie Schneewittchen einen so schönen Schnürriemen an, dass es ihn kaufte. Die Alte aber schnürte damit Schneewittchens Mieder so fest, dass das Mädchen nicht mehr atmen konnte und wie tot umfiel. Wie erschraken die Zwerge, als sie heimkamen! Sie entdeckten den Riemen, schnitten ihn rasch entzwei, und Schneewittchen kam wieder zu sich.

Durch ihren Spiegel erfuhr die Königin, dass das Mädchen immer noch lebte. Sie ging darum in anderer Verkleidung mit einem giftigen Kamm zum Haus der sieben Zwerge. Und Schneewittchen kaufte den Kamm. Kaum aber hatte es ihn ins Haar gesteckt, fiel es besinnungslos nieder.

Zum Glück kamen bald darauf die sieben Zwerge und zogen den giftigen Kamm heraus. Da kam Schneewittchen wieder zu sich. Doch die Königin erfuhr von ihrem Spiegel, dass das Mädchen noch lebte, und sie bebte vor Zorn. Sie machte nun einen giftigen Apfel, verkleidete sich als Bäuerin und begab sich zum Zwergenhaus. Schneewittchen guckte aus dem Fenster und sprach: „Ich darf niemanden einlassen." – „So will ich dir wenigstens einen Apfel schenken", sprach die Bäuerin. Weil Schneewittchen misstrauisch war, schnitt sie ihn durch und gab Schneewittchen die rotbackige, giftige Hälfte. Sie selbst biss in die ungiftige gelbe. Da aß auch das Mädchen von dem Apfel. Kaum aber hatte es einen Bissen im Mund, fiel es tot zur Erde.
Die Königin freute sich, ging nach Hause und befragte ihren Spiegel. Endlich antwortete er: „Frau Königin, Ihr seid die Schönste im Land."
Die Zwerge versuchten vergeblich, Schneewittchen wieder lebendig zu machen. Es war und blieb tot. Weil es aber noch so frisch aussah und rote Wangen hatte, ließen sie einen gläsernen Sarg anfertigen und legten es hinein.

Die Zwerge trugen den Sarg auf einen Berg und beweinten das Mädchen drei Tage lang. Einmal kam ein Königssohn vorbei. Er sah den Sarg und das schöne Mädchen darin und bat die Zwerge: „Schenkt mir den Sarg, ich kann nicht leben, ohne Schneewittchen zu sehen."
Da hatten sie Mitleid mit ihm. Als die Diener den Sarg forttrugen, stolperte einer, und das giftige Apfelstück rutschte aus Schneewittchens Hals. Bald darauf schlug das Mädchen die Augen auf und öffnete den Deckel des Sarges.

„Ach, wo bin ich?", rief es. „Du bist bei mir", sagte der Königssohn und erzählte alles, was sich zugetragen hatte. Schneewittchen war ihm gut und ging mit ihm.
Kurz darauf wurde die Hochzeit gefeiert und die böse Stiefmutter wurde auch eingeladen. Als sie ankam, sah sie, dass Schneewittchen die junge Königin war. Eiserne Pantoffeln wurden im Feuer glühend gemacht, und dann musste die böse Königin so lange darin tanzen, bis sie tot umfiel.

Es waren einmal ein König und eine Königin, die wünschten sich von ganzem Herzen ein Kind und bekamen doch lange keins.

Als die Königin endlich ein Mädchen zur Welt brachte, freute sich der König über alle Maßen und beschloss, ein großes Fest zu geben. Er wollte dazu auch die dreizehn weisen Frauen seines Reiches einladen. Aber weil er nur zwölf goldene Teller hatte, musste eine daheim bleiben.

Das Fest wurde in aller Pracht gefeiert. Und als es zu Ende ging, beschenkten die weisen Frauen das Kind mit ihren Wundergaben. Sie wünschten ihm Tugend, Schönheit, Reichtum und was es sonst noch zu wünschen gibt. Als gerade die elfte ihren Wunsch getan hatte, stürmte die dreizehnte herein. Zornig darüber, dass sie nicht eingeladen war, rief sie: „Die Königstochter soll sich in ihrem fünfzehnten Jahr an einer Spindel stechen und tot umfallen!" Da sprach die zwölfte, die ihren Wunsch noch frei hatte: „Sie soll aber nicht sterben, sondern nur in einen tiefen hundertjährigen Schlaf fallen."

Der König war bestürzt über die Verwünschung. Um sein Kind vor dem Unglück zu bewahren, ließ er daher alle Spindeln im ganzen Königreich verbrennen.
Das Mädchen wuchs heran und die Wünsche der weisen Frauen gingen alle in Erfüllung. Es war schön, sittsam, freundlich und klug, und jedermann hatte es lieb.
An ihrem fünfzehnten Geburtstag, als die Königstochter gerade allein war, sah sie sich neugierig im Schloss um. Dabei gelangte sie auch zu einem Turm, in dem sie noch nie gewesen war. Sie stieg die enge Treppe hinauf und stand vor einer kleinen Tür. Im Schloss steckte ein verrosteter Schlüssel, und als das Mädchen ihn umdrehte, sprang die Tür auf.
In dem Stübchen saß eine alte Frau und spann.
„Guten Tag, Mütterchen, was machst du da?"
„Ich spinne", antwortete die Alte.
„Was ist das für ein Ding, das so lustig herumspringt?", fragte die Königstochter, griff nach der Spindel und stach sich in den Finger.
Augenblicklich fiel sie in einen tiefen Schlaf.

Und dieser Schlaf breitete sich über das ganze Schloss aus: Der König und die Königin, die eben heimgekommen waren, schliefen im Thronsaal ein, und mit ihnen der ganze Hofstaat. Da schliefen auch die Pferde im Stall und die Jagdhunde im Hof. Der Koch, der dem Küchenjungen gerade eine Ohrfeige geben wollte, hielt ein und schnarchte. Es schliefen die Fliegen an den Wänden und die Tauben auf dem Dach. Selbst das Feuer im Herd flackerte und verlosch. Die Magd ließ das Huhn fallen, das sie rupfte. Der Wind legte sich und kein Lüftchen regte sich mehr in den Bäumen. Rings um das Schloss aber begann eine Dornenhecke zu wachsen, so hoch und dicht, dass das Schloss nicht mehr zu sehen war. Im ganzen Land erzählte man sich die Geschichte von dem reizenden Dornröschen, wie man die Königstochter nun nannte. Immer wieder versuchten Königssöhne, durch die Hecke ins Schloss zu dringen. Aber sie blieben darin hängen und mussten jämmerlich sterben.

Nach langer Zeit kam wieder einmal ein Königssohn in das Land und hörte, wie ein alter Mann von Dornröschen erzählte. Und obwohl ihm der Alte berichtete, wie es vielen Königssöhnen ergangen war, sprach er: „Ich fürchte mich nicht. Ich will die Dornenhecke durchdringen und Dornröschen befreien."

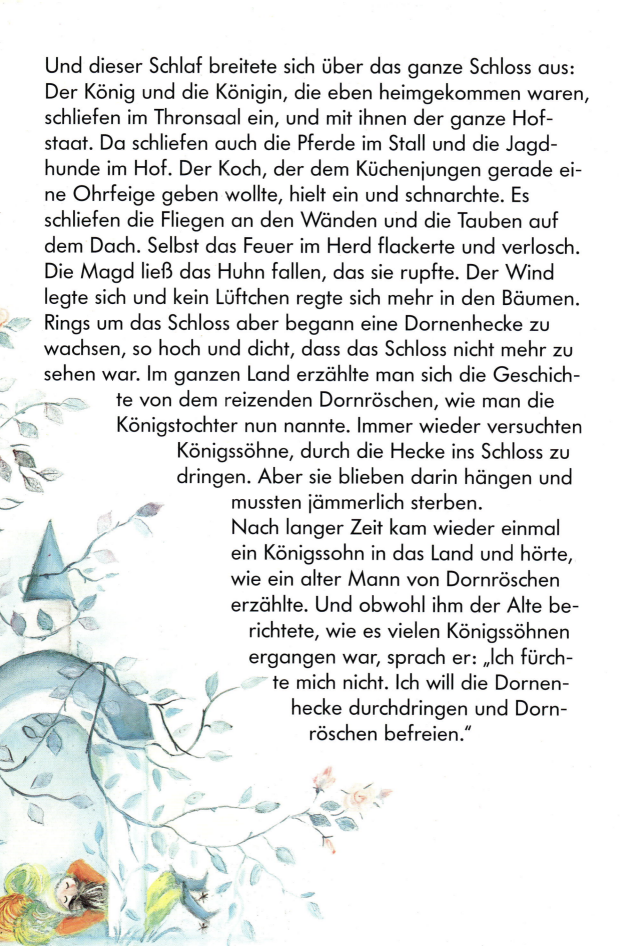

Nun waren aber gerade die hundert Jahre vergangen, die Dornröschen schlafen sollte. Deshalb taten sich die Dornen von selbst vor dem Königssohn auseinander und wurden zu duftenden Blumen. Ungehindert gelangte er ins Schloss. Er ging durch den Hof und durch alle Zimmer. Endlich trat er in das Turmstübchen, in dem Dornröschen schlief. Da saß es und war so schön, dass er sich zu ihm hinabbeugte und es küsste. Davon erwachte Dornröschen, und mit ihm das ganze Schloss: Der König und die Königin rieben sich erstaunt die Augen, der Hofstaat gähnte, die Tauben zogen ihr Köpfchen unter dem Flügel hervor, die Fliegen krochen

wieder die Wände hinauf, die Pferde und Hunde streckten sich, und der Koch gab dem Küchenjungen die Ohrfeige. Die Magd rupfte das Huhn und das Feuer im Herd fing wieder an zu brennen.

Der Königssohn hielt um Dornröschens Hand an und bald darauf wurde die Hochzeit in aller Pracht gefeiert.

Von da an lebten sie vergnügt bis an ihr Lebensende.

Ein Holzhacker wohnte mit seiner Frau und seinen beiden Kindern, Hänsel und Gretel, am Rand eines großen Waldes. Sie waren sehr arm und hatten oft nichts zu essen. Eines Abends konnte der Vater vor lauter Sorgen nicht einschlafen und wälzte sich im Bett herum. Da sagte seine Frau zu ihm: „Lass uns morgen die Kinder tief in den Wald führen. Da lassen wir sie dann allein. Sie werden den Weg nach Hause nicht wieder finden." Sie gab so lange keine Ruhe, bis der Mann endlich einwilligte. Die Kinder aber hatten vor Hunger nicht schlafen können und alles mitangehört. Gretel fing an, bitterlich zu weinen, doch Hänsel sprach: „Sei still, Gretel, ich will uns helfen."

Er zog sich an und schlich hinaus. Vor dem Haus lagen weiße Kieselsteine, die glänzten hell im Mondschein. Hänsel steckte davon so viele in seine Hosentasche, wie hineinpassten. Dann ging er ins Haus zurück, tröstete Gretel und schlief unbesorgt ein.

Am nächsten Morgen in aller Frühe weckte die Frau die beiden Kinder. Sie gab jedem ein Stück Brot und sprach: „Da habt ihr etwas für den Mittag." Dann gingen sie in den Wald hinaus. Hänsel blieb ein wenig zurück und warf immer wieder einen blanken Kieselstein auf den Weg. Mitten im Wald sagte der Vater: „Ruht euch jetzt aus, Kinder, Mutter und ich gehen Holz schlagen. Wir holen euch später wieder ab."

Hänsel und Gretel warteten bis zum Mittag. Dann aß jedes sein Stück Brot. Sie warteten auch noch den Abend ab, doch Vater und Mutter kamen nicht, um sie abzuholen. Als es nun finstere Nacht wurde, fing Gretel an zu weinen. Hänsel aber sprach: „Wart noch ein Weilchen, bis der Mond aufgegangen ist!" Und als der Mond schien, nahm er Gretel bei der Hand. Und die Kieselsteine schimmerten im Mondlicht wie Silber und zeigten den Kindern den Heimweg. Obwohl es nichts zu essen gab, war der Vater froh, seine Kinder wiederzuhaben.

Eines Tages war die Not wieder sehr groß, und die Eltern beschlossen, die Kinder noch einmal in den Wald zu führen. Hänsel hatte auch diesmal alles gehört. Als er jedoch Kieselsteine sammeln wollte, war die Tür verschlossen.

Am nächsten Morgen wurden die Kinder in aller Frühe geweckt, bekamen ihr Stücklein Brot, und dann ging es tief in den Wald hinein. Hänsel ließ heimlich ab und zu einen Brotkrumen fallen, damit sie den Weg nach Hause fänden.

Zu Mittag teilten sich die Kinder Gretels Brot und schliefen bald darauf ein. Als sie erwachten, war es Nacht. Doch obwohl der Mond schien, sahen sie die Krumen nicht. Die hatten die Vögel längst aufgepickt.

Die ganze Nacht, den nächsten Tag und noch eine Nacht irrten die Kinder umher, aber sie fanden nicht aus dem Wald heraus, sondern gerieten immer tiefer hinein. Schließlich kamen sie an ein Häuschen, das war ganz mit Lebkuchen und Zuckerzeug gedeckt. „Hier wollen wir uns hinsetzen und uns satt essen", sagte Hänsel. Er brach erst für Gretel und dann für sich selbst ein Stück vom Dach herunter. Da rief eine feine Stimme: „Knusper, knusper, Knäuschen, wer knuspert an meinem Häuschen?" Die Kinder erschraken und antworteten: „Der Wind, der Wind, das himmlische Kind!" Plötzlich ging die Tür auf und eine steinalte Frau kam herausgeschlichen. Sie lud die Kinder in ihr Haus ein, gab ihnen gutes Essen und ließ sie in zwei weichen Bettchen schlafen.

Doch sie stellte sich nur so freundlich. In Wirklichkeit war sie eine böse Hexe und wollte die Kinder essen. Gleich am nächsten Morgen sperrte sie Hänsel in einen kleinen Stall. Er bekam das allerbeste Essen, damit er schnell fett würde. Gretel aber musste hart arbeiten und bekam nur schlechtes Essen. Jeden Tag rief die Alte vor dem Stall: „Hänsel, zeig mir dein Fingerchen, dass ich fühle, ob du bald fett genug bist!" Hänsel streckte ihr immer ein Knöchlein entgegen.

Und weil die Alte schlecht sah, merkte sie es nicht. Sie wunderte sich allerdings, dass Hänsel nicht zunehmen wollte. Nach vier Wochen sagte sie eines Abends zu Gretel: „Heda, du Faulenzerin, hol Wasser! Hänsel mag fett oder mager sein, ich will ihn schlachten und kochen. Ich werde inzwischen den Teig anrühren, damit wir auch dazu backen können." Da ging Gretel mit traurigem Herzen und holte das Wasser, in dem Hänsel gekocht werden sollte. Frühmorgens musste Gretel aufstehen, Feuer anmachen und den Kessel mit Wasser aufhängen. „Gib nun Acht, bis es kocht", sagte die Hexe, „ich will Feuer im Backofen machen und das Brot hineinschieben." Gretel stand in der Küche, weinte bittere Tränen und dachte: „Hätten uns lieber die wilden Tiere im Wald gefressen, dann wären wir wenigstens zusammen gestorben!" Da rief die Alte: „Gretel, der Backofen ist angeheizt. Kriech hinein und sieh nach, ob er die rechte Hitze hat!" Doch Gretel durchschaute die Hexe und wusste, dass sie sie braten und fressen wollte. „Ich weiß nicht, wie ich's machen soll. Zeig's mir erst!" Und als die Hexe schimpfend den Kopf in den Ofen steckte, gab Gretel ihr einen Stoß, dass sie hineinfiel. Dann warf sie schnell die Ofentür zu und schob den Riegel vor. So musste die böse Hexe elendiglich verbrennen.

Gretel lief zum kleinen Stall und öffnete die Tür. Froh sprang Hänsel heraus und küsste sein Schwesterchen. Das ganze Häuschen war voll von Edelsteinen und Perlen. Davon nahmen die Kinder, soviel sie tragen konnten, eilten fort und fanden jetzt den Heimweg. Sie kamen an ein großes Wasser und eine Ente brachte sie zum anderen Ufer.

Bald darauf erblickten sie ihr Elternhaus. Der Vater freute sich, als er sie wieder sah. Er hatte nämlich keinen vergnügten Tag mehr gehabt, seitdem seine Kinder im Wald geblieben waren. Die Mutter aber war inzwischen gestorben.
Hänsel und Gretel zeigten dem Vater ihre Schätze und von nun an lebten sie sorglos zusammen.

Aschenputtel

Es war einmal ein reicher Mann, der lebte lange Zeit vergnügt mit seiner Frau. Sie hatten zusammen ein Töchterchen.
Eines Tages wurde die Frau krank. Und als sie fühlte, dass sie sterben würde, rief sie ihre Tochter zu sich und sagte: „Liebes Kind, ich muss dich verlassen. Doch wenn ich oben im Himmel bin, will ich auf dich herabsehen. Pflanz ein Bäumchen auf mein Grab. Und wenn du dir etwas wünschst, schüttle daran und du wirst es bekommen. Auch wenn du sonst in Not bist, will ich dir Hilfe schicken. Bleib nur fromm und gut."
Darauf starb sie. Das Mädchen aber weinte und pflanzte ein Bäumchen auf das Grab der Mutter.
Als das Bäumchen zum zweiten Mal grünte, heiratete der Mann wieder. Diese Frau brachte zwei Töchter mit, die waren stolz und böse und machten dem Mädchen das Leben schwer. Sie nahmen ihm die schönen Kleider weg und zogen ihm dafür einen alten geflickten Rock an. „Der ist gut für dich", lachten sie es aus und führten es in die Küche. Dort musste das arme Mädchen den ganzen Tag schwer arbeiten und wurde von den

Stiefschwestern verspottet. Es durfte auch nicht mehr in seinem Bett schlafen, sondern musste sich neben dem Herd in die Asche legen. Weil es deshalb immer schmutzig aussah, wurde es nur noch Aschenputtel genannt.

Nach einiger Zeit gab der König einen Ball. Er sollte drei Tage dauern und der Prinz sollte sich dabei eine Braut aussuchen. Auch die beiden Stiefschwestern waren eingeladen. „Aschenputtel", riefen sie, „komm herauf, kämme uns die Haare, bürste uns die Schuhe und schnalle sie fest!" Da musste Aschenputtel sie herausputzen, so gut es konnte.

Als sie fertig waren, fragten sie spöttisch: „Aschenputtel,

du gingest wohl auch gern mit auf den Ball?" "Ach ja", seufzte es. "Aber ich habe doch keine Kleider!" "Nein", sagte die Älteste, "du kannst dich dort nicht sehen lassen. Wir müssten uns ja für dich schämen!" Und die Stiefmutter fügte hinzu: "Du gehörst in die Küche!" Sie gab Aschenputtel eine große Schüssel mit Erbsen und sprach:

„Hier, lies diese Erbsen, bis wir wiederkommen!" Dann ging sie zusammen mit ihren Töchtern zum Ball ins Schloss. Aschenputtel machte sich seufzend an die Arbeit. „Wenn das meine Mutter wüsste!", dachte es. Da kamen die Tauben aus dem Garten geflogen und fragten: „Aschenputtel, sollen wir dir helfen?" – „Ja", antwortete Aschenputtel. „Die schlechten ins Kröpfchen, die guten ins Töpfchen." Und – pick, pick! – fingen die Tauben an, fraßen die schlechten und taten die guten in eine Schüssel. Im Nu war die Arbeit getan. Da sagten die Tauben: „Aschenputtel, wenn du deine Schwestern mit dem Prinzen tanzen sehen willst, dann steig auf den Taubenschlag." Aschenputtel tat es und sah seine Schwestern und den Prinzen und viele tausend Lichter im Ballsaal. Schweren Herzens stieg es endlich vom Taubenschlag, legte sich in die Asche und schlief ein. Am nächsten Morgen erzählten die Stiefschwestern Aschenputtel von dem Ball, um es neidisch zu machen. „Ja", sagte es, „ich habe die Lichter vom Taubenschlag aus flimmern sehen." Da ließ die älteste Schwester den Taubenschlag vor Zorn sogleich niederreißen.

Am Abend musste Aschenputtel die Schwestern wieder herausputzen. Zum Lohn bekam es einen Sack Wicken, die sollte es bis zum nächsten Morgen auslesen.

Wieder kamen die Tauben und fragten: „Aschenputtel, sollen wir dir helfen?" – „Ja", sagte Aschenputtel, „die schlechten ins Kröpfchen, die guten ins Töpfchen." Im Nu waren die Wicken ausgelesen. Die Tauben sagten: „Aschenputtel, wenn du auch zum Ball möchtest, lauf zum Grab deiner Mutter! Schüttle das Bäumchen und wünsch dir schöne Kleider. Komm aber vor Mitternacht wieder heim."

Da ging Aschenputtel zu dem Bäumchen, schüttelte es und sprach: „Bäumchen, rüttel dich und schüttel dich, wirf schöne Kleider herab für mich!" Kaum hatte es das gesagt, lagen ein prächtiges Kleid und wunderbare Schuhe vor ihm. Aschenputtel kleidete sich an und begab sich zum Schloss. Alle waren erstaunt über die Schönheit des Mädchens und die Stiefschwestern erkannten es nicht. Der Prinz tanzte nur noch mit ihm allein und dachte bei sich: „Ich soll mir eine Braut aussuchen. Nun, da weiß ich keine bessere als diese!" Kurz vor Mitternacht verabschiedete sich Aschenputtel von ihm. Es lief sogleich zum Grab der Mutter und sprach: „Bäumchen, rüttel dich und schüttel dich, nimm die Kleider wieder für dich!" Und schon hatte Aschenputtel wieder sein altes Kleid an. Es machte sich das Gesicht staubig und legte sich in die Asche schlafen.

Am nächsten Morgen sahen seine Schwestern verdrießlich aus und schwiegen. Aschenputtel fragte: „Ihr habt wohl gestern Abend viel Freude gehabt?" – „Nein, es war eine fremde Prinzessin da. Mit der hat der Prinz fast immer getanzt. Keiner wusste, woher sie gekommen ist." Aschenputtel schwieg.

Am Abend musste es seine Schwestern zum dritten Mal herausputzen und erhielt zum Lohn eine Schüssel Linsen. Die sollte es rein lesen. Wieder kamen die Tauben und fragten: „Sollen wir dir helfen?" – „Ja, die schlechten ins Kröpfchen, die guten ins Töpfchen." Im Nu war die Arbeit getan. „Aschenputtel, schüttle das Bäumchen, dass es dir schöne Kleider herunterwirft, und dann geh auf den Ball. Aber achte darauf, dass du vor Mitternacht wieder zurück bist."

Aschenputtel ging zum Grab und sprach: „Bäumchen, rüttel dich und schüttel dich, wirf schöne Kleider herab für mich!" Da bekam es ein noch prächtigeres Kleid und Schuhe dazu als beim vorigen Mal. Aschenputtel zog alles an und begab sich zum Schloss.

Dort wurde es von dem Prinzen schon auf der Treppe empfangen und dann in den Saal geführt. Wieder waren alle über die Schönheit des Mädchens erstaunt. Und seine Schwestern wurden ganz blass vor Neid. Den ganzen Abend tanzte Aschenputtel ausgelassen mit dem Prinzen, bis plötzlich die Glocke Mitternacht zu schlagen begann. Da fiel ihm die Mahnung der Tauben ein und es lief, so schnell es konnte, hinaus. Genau mit dem letzten Glockenschlag hatte es wieder seine alten Kleider an. Aschenputtel hatte jedoch in der Eile einen Schuh verloren. Den fand der Prinz. Und bereits am nächsten Tag ließ er im ganzen Land bekannt geben: Diejenige sollte seine Gemahlin werden, der dieser Schuh passte.

Der Prinz reiste im ganzen Königreich umher, doch allen Mädchen war der Schuh zu klein.
Schließlich kam er auch zum Haus von Aschenputtels Vater. Die zwei Schwestern freuten sich, denn sie hatten schöne, kleine Füße. Sie glaubten, der Schuh werde ihnen sicher passen. Zuerst probierte ihn die ältere Schwester an. Weil ihre Ferse nicht hineinpasste, hieb sie mit dem Messer ein Stück davon ab. Dann zwängte sie den Fuß in den Schuh.
Als der Prinz mit seiner Braut am Tor vorbeiritt, riefen die Tauben: „Ruckedigu, Blut ist im Schuh! Der Schuh ist zu klein, die rechte Braut sitzt noch daheim!" Da sah der Prinz, dass Blut aus dem Schuh herausquoll, und brachte die falsche Braut wieder nach Hause.
Nun ging die zweite in ihre Kammer und probierte den Schuh. Weil er ihr aber zu klein war, hieb sie sich ein Stück von den Zehen ab. Dann zwängte sie ihren Fuß in den Schuh und trat vor den Prinzen. Er hob sie auf sein Pferd und ritt mit ihr davon.

Doch wieder warnten die Tauben. Da merkte der Prinz, dass er wieder betrogen worden war. Er brachte die falsche Braut nach Hause und fragte: „Habt Ihr nicht noch eine Tochter im Haus?" „Nur noch ein garstiges Aschenputtel. Dem kann der Schuh nicht passen." Der Prinz verlangte aber, dass auch Aschenputtel ihn anprobierte. Und als es mit dem Fuß hineinschlüpfte, passte er wie angegossen. Aufmerksam betrachtete der Prinz das Mädchen und erkannte, dass dies seine schöne Tänzerin war. „Das ist die rechte Braut!", rief er glücklich. Er hob Aschenputtel auf sein Pferd und ritt mit ihm davon. Als sie am Tor vorbeikamen, riefen die Tauben: „Ruckedigu, ruckedigu,
kein Blut ist im Schuh!
Der Schuh ist nicht zu klein,
die rechte Braut, die führt er heim!"

Der gestiefelte Kater

Ein Müller hatte drei Söhne, seine Mühle, einen Esel und einen Kater.
Als er starb, bekam der älteste Sohn die Mühle, der zweite den Esel. Dem jüngsten aber blieb der Kater.
Traurig sagte er zu sich: „Was kann ich schon mit einem Kater anfangen? Ich kann mir höchstens ein Paar Pelzhandschuhe daraus machen lassen."
„Hör", sprach da der Kater, der alles verstanden hatte, „töte mich nicht. Lass mir lieber ein Paar Stiefel machen. Dann kann ich mich unter den Leuten sehen lassen und dir wird bald geholfen sein."

Der Müllerssohn wunderte sich, dass sein Kater sprechen konnte.
Er ließ ihm tatsächlich ein Paar Stiefel anfertigen. Erfreut zog sie der Kater an. Dann nahm er einen Sack. Er füllte Körner hinein und versah ihn oben so mit einer Schnur, dass man ihn zuziehen konnte. Schließlich warf er sich den Sack über die Schulter und ging davon.

Damals regierte in dem Land ein König, der aß für sein Leben gern Rebhühner. Der Kater wusste das und hatte sich eine List ausgedacht:

Er legte den Sack offen hin, führte die Schnur durchs Gras bis zu einer Hecke und versteckte sich dort.

Alsbald kamen die Rebhühner und hüpften zu den Körnern in den Sack.

Kaum waren genügend darin, zog der Kater die Schnur zu. Anschließend schulterte er den Sack und ging geradewegs zum Schloss des Königs.

„Halt! Wohin?", rief die Wache. „Zum König", entgegnete der Kater dreist. Weil der König oft Langeweile hatte, wurde der Kater eingelassen.

Er verbeugte sich tief vor dem König und sprach: „Mein Herr, der Graf, lässt Euch grüßen und schickt Euch diese Rebhühner." Der König war außer sich vor Freude über die schönen, fetten Rebhühner. Er ließ dem Kater so viel Gold in den Sack füllen, wie er tragen konnte. „Das bring deinem Herrn als Dank für sein Geschenk."

Da lief der Kater nach Hause, nahm den Sack vom Rücken, schnürte ihn auf und schüttete das Gold vor dem Müllerssohn aus. „Hier hast du etwas für die Stiefel!" Und dann erzählte er die ganze Geschichte.

Von nun an brachte der Kater oft Rebhühner zum Schloss und wurde dafür jedes Mal reichlich belohnt. Beim König war er so beliebt, dass er im Schloss ein- und ausgehen konnte, wie es ihm gefiel.

Eines Tages erfuhr er, dass der König und die Prinzessin am See spazieren fahren wollten. Da holte er geschwind seinen Herrn und lief mit ihm dorthin. „Entkleide dich und bade im See", bat er den Müllerssohn. Danach versteckte er rasch dessen Kleider.

Als nun die Königskutsche dahergefahren kam, klagte der Kater: „Allergnädigster Herr König! Mein Herr, der Graf, hat hier im See gebadet. Da kam ein Dieb und stahl ihm seine Kleider. Nun ist der Herr Graf im Wasser und kann nicht heraus!" Der König ließ sofort prächtige Kleider holen. Die zog der Müllerssohn an und musste sich dann zum König in die Kutsche setzen.

Der Kater war inzwischen vorausgelaufen. Er kam zu einer großen Wiese, auf der viele Leute Heu machten. „Wem gehört die Wiese?", fragte der Kater. „Dem großen Zauberer", antworteten die Leute. Da befahl er ihnen: „Wenn der König gleich vorbeifährt, so sagt: ‚Die Wiese gehört dem Grafen!' Tut ihr das nicht, so wird es euch schlecht ergehen!"

Den Leuten, die auf einem großen Kornfeld und in einem prächtigen Wald arbeiteten, befahl er das Gleiche. Schließlich kam der Kater zum Schloss des Zauberers. Er verbeugte sich vor ihm und sprach: „Ich habe gehört, dass du dich in jedes Tier verwandeln kannst. Kannst du dich wohl in ein so gewaltiges Tier wie einen Elefanten verwandeln?"

„Das will ich meinen", sagte der Zauberer. Und schon stand er als Elefant vor dem Kater. „Unerhört!", rief der. „Du bist bestimmt der größte Zauberer der Welt. Aber ich wette, in ein so kleines Tier wie eine Maus kannst du dich nicht verwandeln."
„Auch das kann ich", prahlte der Zauberer und schon sprang er als Maus herum. Wupp! fing der Kater die Maus und fraß sie auf.
Inzwischen kam die königliche Kutsche zu der großen Wiese. „Wem gehört das Heu?", fragte der König. „Dem Grafen", antworteten die Leute. Und die Leute auf dem riesigen Kornfeld und im Wald sagten dasselbe. Schließlich kam die Kutsche zum Schloss des Zauberers. „Herr König, willkommen im Schloss meines Herrn, des Grafen!", rief der Kater. Der König staunte über das prächtige Schloss. Der Graf aber führte die Prinzessin in den Saal hinauf, in dem Gold und Edelsteine glitzerten. Da wurde die Prinzessin dem Grafen versprochen. Und als der König starb, wurde der Müllerssohn König. Den gestiefelten Kater aber ernannte er zu seinem ersten Minister.

Rumpelstilzchen

Es war einmal ein Müller, der war arm, aber er hatte eine schöne Tochter. Eines Tages begegnete er dem König und prahlte: „Ich habe eine Tochter, die kann Stroh zu Gold spinnen." Der König meinte: „Das ist eine Kunst, die mir wohl gefällt. Wenn deine Tochter wirklich so geschickt ist, wie du sagst, bring sie morgen auf mein Schloss. Da will ich sie auf die Probe stellen."

Als nun das Mädchen zum König gebracht wurde, führte er es gleich in eine Kammer, in der lauter Stroh lag. Der König gab dem Mädchen Spinnrad und Haspel und sprach: „Wenn du dieses Stroh bis morgen nicht zu Gold gesponnen hast, so musst du sterben." Dann verließ er die Müllerstochter und sperrte die Tür ab.

Da saß nun die arme Müllerstochter und wusste sich keinen Rat.

Noch nie in ihrem Leben hatte sie Stroh zu Gold gesponnen. Ganz verzweifelt fing sie an zu weinen. Da öffnete sich plötzlich die Tür und ein kleines Männlein trat in die Kammer. „Guten Abend, junge Müllerin", grüßte es freundlich. „Warum weinst du so?" „Ach", jammerte die Müllerstochter, „ich soll Stroh zu Gold spinnen und kann es nicht."
Da sprach das Männlein: „Was gibst du mir, wenn ich dir's spinne?" „Meine Halskette", antwortete das Mädchen. Das Männlein nahm die Halskette, setzte sich an das Spinnrad und – schnurr, schnurr, schnurr! – dreimal gezogen, war die Spule voll.
Dann steckte es eine andere auf und arbeitete so fort bis zum Morgen. Da war alles Stroh versponnen und alle Spulen waren voll Gold.
Bei Sonnenaufgang kam schon der König zu der Müllerstochter. Wie staunte und freute er sich über das viele Gold! Doch gleich wollte er noch mehr davon haben. Darum sperrte er das Mädchen in der nächsten Nacht in eine noch größere Kammer mit noch mehr Stroh. „Spinne dies über Nacht zu Gold, wenn dir dein Leben lieb ist!", befahl er. Kaum war er gegangen, kam wieder das Männlein und bot seine Dienste an. Da zog das Mädchen seinen Ring vom Finger und gab ihn dem Männlein. Dieses setzte sich ans Spinnrad und – schnurr, schnurr, schnurr! – dreimal gezogen, war die Spule voll.

So machte es weiter, bis alles Stroh zu Gold gesponnen war. Doch der König war so goldgierig, dass er die Müllerstochter in der folgenden Nacht in eine dritte, noch größere Kammer voll Stroh sperrte. „Wenn du auch dieses Stroh zu Gold spinnst, sollst du meine Frau werden", sagte er. Kurz darauf trat das Männlein ein. „Was gibst du mir, wenn ich dir wieder helfe?", fragte es. Aber das Mädchen hatte nichts mehr, was es dem Männlein für seine Dienste hätte geben können. „So versprich mir dein erstes Kind, das du zur Welt bringst, wenn du Königin bist." In ihrer Not willigte die Müllerstochter ein.

Als der König am nächsten Morgen die Kammer voll Gold sah, hielt er sein Versprechen und nahm die Müllerstochter zur Frau. Ein Jahr darauf brachte sie ein Kind zur Welt. Da kam eines Tages das Männlein zur Königin und verlangte: „Nun gib mir, was du mir versprochen hast!" Sie erschrak sehr, denn sie hatte gar nicht mehr an das Männlein gedacht. Sie bot ihm all ihre Reichtümer an, nur das Kind sollte es ihr lassen. Doch es sprach: „Etwas Lebendiges ist mir lieber!" Sie bat so lange, bis es sagte: „Nun gut, ich gebe dir drei Tage Zeit. Wenn du bis dahin meinen Namen weißt, darfst du dein Kind behalten."
An nächsten Tag kam das Männlein zur Königin. Sie nannte ihm alle möglichen Namen. Doch immer sprach es: „Nein, so heiße ich nicht." Auch am zweiten Tag konnte sie seinen Namen nicht erraten. Sie hatte aber einen Boten losgeschickt. Er kam am dritten Tag zurück und erzählte ihr: „Neue Namen habe ich nicht. Doch tief im Wald sah ich ein kleines Haus. Vor dem Haus brannte ein Feuer. Und um das Feuer hüpfte ein wunderliches Männlein auf einem Bein und schrie dabei:

„Heute back ich, morgen brau ich, übermorgen hol ich der Königin ihr Kind. Ach, wie gut, dass niemand weiß, dass ich Rumpelstilzchen heiß!"

Als die Königin den Namen hörte, war sie außer sich vor Freude. Bald darauf kam das Männlein zum dritten Mal und fragte: „Na, Frau Königin, wie heiße ich?"

Da tat die Königin so, als würde sie raten. Sie fragte: „Heißt du wohl Kunz?"

„Nein", sagte das Männlein.

„Heißt du etwa Heinz?"

„Nein", erwiderte das Männlein vergnügt.

„Heißt du vielleicht Rumpelstilzchen?"

Da schrie das Männlein: „Das hat dir der Teufel gesagt! Das hat dir der Teufel gesagt!" Und vor Wut stampfte es mit dem rechten Fuß ganz fest auf den Boden. Dann lief es schimpfend davon und wurde seitdem niemals wieder gesehen.

Rapunzel

Es waren einmal ein Mann und eine Frau, die wünschten sich schon lange vergeblich ein Kind. Endlich aber erwartete die Frau eins.

Die Leute hatten in ihrem Hinterhaus ein kleines Fenster. Aus dem konnte man in einen prächtigen Garten sehen, in dem Blumen und Gemüse wuchsen. Er war jedoch von einer hohen Mauer umgeben. Und niemand wagte es hineinzugehen, denn er gehörte einer Zauberin. Sie besaß große Macht und wurde von aller Welt gefürchtet.

Eines Tages stand die Frau am Fenster und entdeckte in dem Garten ein Beet mit herrlichen Rapunzeln. Sie sahen so frisch aus, dass sie ein großes Verlangen spürte, davon zu essen.

Dieses Verlangen nahm von Tag zu Tag zu.

Die Frau wusste jedoch, dass sie keine Rapunzeln bekommen konnte. Sie magerte ab und sah schließlich ganz blass und elend aus.

Da erschrak der Mann und fragte: „Was fehlt dir, liebe Frau?"

„Ach", antwortete sie, „wenn ich nicht von diesen Rapunzeln bekommen kann, so muss ich sterben."

Der Mann hatte seine Frau sehr lieb und dachte: „Ehe du deine Frau sterben lässt, holst du ihr von den Rapunzeln. Es mag kosten, was es will!"

In der Abenddämmerung stieg er also über die Mauer in den Garten der Zauberin. Er stach eilig ein Körbchen voll Rapunzeln und brachte sie seiner Frau. Sie bereitete sich sogleich einen Salat daraus und aß ihn begierig auf.

Die Rapunzeln hatten ihr aber so gut geschmeckt, dass sie am nächsten Tag noch dreimal so viel Lust darauf bekam. Da stieg der Mann in der Abenddämmerung wieder über die Mauer.

Aber wie erschrak er, als plötzlich die Zauberin auf ihn zustürzte! Mit zornigem Blick sprach sie: „Wie kannst du es wagen, in meinen Garten zu steigen und mir meine Rapunzeln zu stehlen! Das soll dir schlecht bekommen!"

„Ach", jammerte der Mann, „ich habe es nur für meine Frau getan. Sie hat Eure Rapunzeln vom Fenster aus gesehen. Und sie hat so großen Appetit darauf. Sie würde sterben, wenn sie nicht davon zu essen bekäme."

Da ließ die Zauberin in ihrem Zorn nach und sprach: „Wenn es so ist, kannst du so viel Rapunzeln mitnehmen, wie du willst. Ich stelle dir jedoch eine Bedingung: Du musst mir das Kind geben, das deine Frau zur Welt bringen wird. Es soll ihm gut gehen und ich will für es sorgen wie eine Mutter."

Da sagte der Mann in seiner Angst alles zu.

Als das Kind geboren war, erschien die Zauberin. Sie gab dem Kind den Namen Rapunzel und nahm es mit sich fort.

Rapunzel wurde das schönste Kind unter der Sonne.

Als es zwölf Jahre alt war, schloss es die Zauberin in einen Turm. Er lag mitten im Wald und hatte weder Treppe noch Tür. Nur ganz oben war ein kleines Fenster.

Wenn die Zauberin in den Turm hineinwollte, so stellte sie sich unten hin und rief: „Rapunzel, Rapunzel, lass mir dein Haar herunter!"

Rapunzel hatte lange, prächtige Haare, fein gesponnen wie Gold. Wenn sie die Stimme der Zauberin hörte, ließ sie ihre Haare außen am Turm hinunter und die Zauberin stieg daran hinauf.

Nach ein paar Jahren trug es sich zu, dass der Sohn des Königs durch den Wald ritt und an dem Turm vorüberkam. Da hörte er einen Gesang. Der war so lieblich, dass der Königssohn anhielt und lauschte. Es war Rapunzel. Sie vertrieb sich die Einsamkeit damit, mit süßer Stimme allerlei Lieder zu singen.

Der Königssohn wollte zu ihr hinaufsteigen und suchte nach einer Tür. Aber er fand keine und ritt schließlich heim.

Doch der Gesang hatte ihm sehr das Herz gerührt. Darum ritt er jeden Tag in den Wald und hörte zu.

Als er einmal wieder dort war und lauschte, sah er die Zauberin kommen und hörte sie rufen: „Rapunzel, Rapunzel, lass mir dein Haar herunter!"

Da ließ Rapunzel die Haare hinab und die Zauberin stieg zu ihr hinauf.

Nun wusste der Königssohn, wie er hinaufgelangen konnte. Und als die Hexe gegangen war, stellte er sich vor den Turm und rief: „Rapunzel, Rapunzel, lass mir dein Haar herunter!" Da fielen die Haare herab und der Königssohn stieg hinauf. Anfangs erschrak Rapunzel, als ein Mann zu ihr hereinkam. Doch der Königssohn fing an, ganz freundlich mit ihr zu reden. Er erzählte ihr, wie sehr ihr Gesang sein Herz gerührt hatte. Es habe ihm keine Ruhe gelassen. Und darum habe er sie selbst sehen müssen.

Da verlor Rapunzel ihre Angst. Sie sah, dass der Königssohn jung und schön war. Und als er sie fragte: „Willst du mich zum Mann nehmen?", sagte sie ja und legte ihre Hand in seine Hand. Sie sprach: „Ich will gern mit dir gehen. Wenn du kommst, bring jedes Mal einen Strang Seide mit. Daraus will ich eine Leiter flechten. Wenn sie fertig ist, steige ich hinunter und du nimmst mich auf dein Pferd."

Der Königssohn kam nun jeden Abend zu Rapunzel, denn tagsüber kam die Zauberin. Sie durfte ja nichts merken. Doch einmal rutschte es Rapunzel heraus: „Wie kommt es nur, Frau Gothel, Sie sind viel schwerer heraufzuziehen als der junge Königssohn."

„Du gottloses Kind!", rief die Zauberin. „Du hast mich betrogen!" Und in ihrem Zorn schnitt sie Rapunzel – ritsch, ratsch! – die schönen Haare ab. Dann brachte sie Rapunzel in eine Einöde, wo sie in großem Jammer und Elend leben musste.

Noch am selben Tag befestigte die Zauberin Rapunzels Haare

an einem Haken neben dem Fenster. Abends kam der Königssohn und rief: "Rapunzel, Rapunzel, lass mir dein Haar herunter!"

Da ließ die Zauberin die Haare hinab und der Königssohn stieg hinauf. Doch oben fand er nicht seine liebe Rapunzel, sondern die Zauberin. Sie sah ihn mit giftigen Blicken an und rief: "Aha! Du willst deine Liebste holen. Aber der schöne Vogel sitzt nicht mehr im Nest und singt nicht mehr. Die Katze hat ihn geholt. Und sie wird auch dir die Augen auskratzen. Für dich ist Rapunzel verloren. Du wirst sie nie wieder sehen!"

Der Königssohn war außer sich vor Schmerz. Und in seiner Verzweiflung sprang er vom Turm hinab. Er kam wohl mit dem Leben davon, aber die Dornen, in die er fiel, zerstachen ihm die Augen. Von da an irrte er blind im Wald umher. Er ernährte sich von Wurzeln und Beeren. Und er jammerte und weinte über den Verlust seiner geliebten Frau.

So wanderte er einige Jahre im Elend durchs Land. Schließlich geriet er in die Einöde, in die Rapunzel von der Zauberin gebracht worden war. Die arme Frau hatte schwere Zeiten durchlebt. Sie hatte Zwillinge zur Welt gebracht, einen Jungen und ein Mädchen. Kümmerlich lebte sie mit den Kindern. Und sie hatte nur diese, um ihr Herz zu erfreuen.

Als nun der Königssohn in der Einöde umherwanderte, hörte er plötzlich eine Stimme. Sie kam ihm sehr bekannt vor. Und so

ging er darauf zu. Wie er herankam, erkannte ihn Rapunzel. Sie fiel ihm um den Hals und weinte vor Freude. Zwei von ihren Tränen benetzten seine Augen. Und – o Wunder! – sie wurden wieder klar und er konnte wieder sehen. Voller Glück umarmte er nun auch seine beiden Kinder. Der Junge sah aus wie er und das Mädchen war so schön wie seine Mutter Rapunzel. Und weil der Königssohn wieder sehen konnte, erkannte er, wo er war. Er führte seine Familie in sein Reich. Und dort lebten sie noch lange glücklich und vergnügt.

Tischlein, deck dich!

Ein Schneider lebte zusammen mit seinen drei Söhnen und einer Ziege. Weil die Ziege mit ihrer Milch alle ernährte, musste sie gutes Futter haben. Die Söhne führten sie darum immer abwechselnd auf die Weide.

Eines Tages, als der älteste Sohn an der Reihe war, führte er die Ziege zu einem Platz mit besonders saftigen Gräsern. Er ließ sie dort lange fressen. Abends fragte er: „Ziege, bist du satt?"
Die Ziege antwortete: „Ich bin so satt, ich mag kein Blatt. Meh, meh!" Da brachte er sie nach Hause.

Als aber der alte Schneider sie abends im Stall fragte, ob sie satt sei, antwortete sie: „Wovon soll ich satt sein? Ich sprang nur über Gräbelein und fand kein einzig Blättelein. Meh, meh!"
Der Schneider glaubte, sein Sohn habe ihn belogen. Zornig nahm er die Elle, verprügelte ihn und jagte ihn aus dem Haus.

Am nächsten Tag musste der zweite Sohn die Ziege auf die Weide führen. Er brachte sie zu lauter guten Kräutern und sie fraß alle ab. Am Abend fragte er: „Ziege, bist du satt?" Sie antwortete: „Ich bin so satt, ich mag kein Blatt. Meh, meh!" Da führte er die Ziege heim in den Stall und erzählte seinem Vater, wie gut sie gefressen habe.

Nun fragte der Schneider die Ziege: „Bist du satt?"
„Wovon soll ich satt sein? Ich sprang nur über Gräbelein und fand kein einzig Blättelein. Meh, meh!" Voller Zorn prügelte der Schneider auch den zweiten Sohn aus dem Haus. Und weil die Ziege dem dritten Sohn den gleichen Streich spielte, jagte der Schneider ihn auch noch davon. Jetzt musste er selbst die Ziege auf die Weide treiben. Sie fraß den ganzen Tag. Und als er sie abends fragte: „Ziege, bist du satt?", antwortete sie: „Ich bin so satt, ich mag kein Blatt. Meh, meh!" Er brachte sie also nach Hause in ihren Stall.

Dort fragte er sie noch einmal: „Ziege, bist du satt?" Die Ziege antwortete wie immer: „Wovon soll ich satt sein? Ich sprang nur über Gräbelein und fand kein einzig Blättelein. Meh, meh!"
Nun merkte der Schneider, dass er seinen Söhnen Unrecht getan hatte. Und er war so zornig auf die Ziege, dass er ihr den Kopf kahl schor und sie davonjagte.
Der älteste Sohn war inzwischen bei einem Schreiner in die Lehre gegangen. Er war sehr fleißig, und als seine Lehrzeit um war, schenkte ihm sein Meister zum Abschied ein „Tischlein-deck-dich". Er brauchte nur zu sagen: „Tischlein, deck dich!", schon war es mit einem weißen Tischtuch bedeckt und die köstlichsten Sachen standen darauf.
Mit diesem Tischlein wollte der älteste Sohn nun nach Hause. Er kam dabei an einem Wirtshaus vorbei. Und als die Leute ihn

dort zum Mitessen einluden, sagte er: „Nein, ihr sollt meine Gäste sein", und stellte sein Tischlein auf. Er sprach: „Tischlein, deck dich!", und gleich war es gedeckt mit dem kostbarsten Essen. Der Gastwirt dachte: „Wenn du solch ein Tischlein hättest, wärest du ein reicher Mann."

Und während der Schreiner nachts schlief, vertauschte er das Tischlein gegen ein anderes, das genauso aussah.
Am nächsten Morgen nahm der Geselle das falsche Tischlein auf den Rücken und ging nach Hause zu seinem Vater. „Lade alle Verwandten ein", sagte er, „wir wollen ein großes Fest feiern." Sobald alle da waren, stellte er das Tischlein mitten in die Stube und sprach: „Tischlein, deck dich!" Aber das Tischlein blieb leer und er merkte, dass es ihm vertauscht worden war. Hungrig und durstig mussten die Verwandten nach Hause zurückkehren.
Der zweite Sohn war zu einem Müller in die Lehre gegangen. Als er ausgelernt hatte, gab ihm sein Meister einen Esel zum Geschenk. Wenn man zu ihm sagte: „Bricklebrit!", kamen vorne und hinten Goldstücke aus ihm heraus. Mit diesem Esel ging der junge Müller in dasselbe Wirtshaus, in dem seinem Bruder das Tischlein-deck-dich gestohlen worden war. Er ließ sich fürstlich bewirten. Und als die Rechnung kam, ging er in den Stall zu seinem Esel und sagte: „Bricklebrit!" Da hatte er mehr Goldstücke, als er brauchte. Der Wirt aber hatte alles heimlich beobachtet.

In der Nacht stand er auf, band den Goldesel los und stellte seinen Esel dafür hin. Mit diesem zog der junge Müller weiter und wusste nicht, dass er betrogen worden war.

Als er nach Hause kam, freute sich der Vater. „Ich habe den Esel Bricklebrit und dadurch so viel Gold, wie wir uns wünschen", sagte der Sohn. Da lud der Vater wieder alle Verwandten ein.

Mitten in der Stube wurde ein großes weißes Tuch ausgebreitet, der Esel aus dem Stall geholt und daraufgestellt. Der Müller sprach: „Bricklebrit!", aber umsonst. Es kam kein einziges Goldstück. Da merkte der Müller, dass er betrogen worden war.

Der dritte Sohn war zu einem Drechsler in die Lehre gegangen. Der schenkte ihm zum Abschied einen Sack mit einem Knüppel. Weil der junge Drechsler gehört hatte, wie es seinen Brüdern in jenem Wirtshaus ergangen war, ging er auch dorthin. Er prahlte vor dem Wirt, dass er da etwas ganz Wertvolles in dem Sack mit sich führe. Der Wirt war neugierig und meinte, aller guten Dinge wären drei. Nachts wollte er sich auch diesen wertvollen Schatz holen.

Der Drechsler schlief auf der Ofenbank und hatte sich den Sack als Kopfkissen untergelegt. Als der Wirt kam und daran zog,

sprach er: „Knüppel, aus dem Sack!" Da fuhr der Knüppel aus dem Sack, fiel über den Wirt her und prügelte ihn so fürchterlich, dass er gern versprach, das Tischlein-deck-dich und den Esel Bricklebrit wieder herauszugeben.

Damit zog nun der jüngste Sohn heim zu seinem Vater. „Was hast du mitgebracht?", fragte ihn der Vater. „Einen Knüppel-im-Sack", antwortete der Sohn. „Damit habe ich das Tischlein-deck-dich und den Esel Bricklebrit wieder herbeigeschafft. Ruf meine Brüder und lade die ganze Verwandtschaft ein. Wir wollen ihnen zu essen und zu trinken geben und ihnen die Taschen mit Gold füllen."

Der Schneider lud alle ein. Und diesmal blieb die Gesellschaft bis tief in die Nacht beisammen und feierte.

Die Bremer Stadtmusikanten

Es hatte ein Mann einen Esel, der lange die Säcke zur Mühle getragen hatte, dessen Kräfte aber nun zu Ende gingen, so dass er zur Arbeit immer untauglicher wurde. Da dachte der Mann daran, den Esel zu töten. Dieser merkte, dass kein guter Wind wehte, lief fort und machte sich auf den Weg nach Bremen. Dort, meinte er, könne er ja Stadtmusikant werden. Als er ein Weilchen gegangen war, fand er einen Jagdhund auf dem Weg liegen, der japste wie einer, der sich müde gelaufen hat. „Was japst du so, Packan?", fragte der Esel. „Ach", klagte der Hund, „weil ich alt bin und jeden Tag schwächer werde, wollte mich mein Herr totschlagen. Da habe ich Reißaus genommen. Aber womit soll ich nun mein Brot verdienen?" – „Geh mit mir nach Bremen", schlug der Esel vor. „Wir werden dort Stadtmusikanten. Ich spiele die Laute und du schlägst die Pauke." Der Hund war's zufrieden und sie gingen weiter.
Es dauerte nicht lange, da saß eine Katze am Weg und machte ein Gesicht wie drei Tage Regenwetter. „Nun, was

ist dir in die Quere gekommen, alter Bartputzer?", fragte der Esel. „Ach", jammerte die Katze, „weil ich nun immer älter werde, meine Zähne stumpf werden und ich lieber hinter dem Ofen sitze, als nach Mäusen herumzujagen, hat mich meine Frau ersäufen wollen. Ich bin zwar fortgelaufen, aber nun ist guter Rat teuer: Wo soll ich hin?" – „Geh mit uns nach Bremen, du verstehst dich doch auf die Nachtmusik, da kannst du Stadtmusikant werden." Die Katze hielt das für gut und ging mit. Darauf kamen die drei Landesflüchtigen an einem Hof vorbei. Auf dem Tor saß der Haushahn und krähte aus Leibeskräften. „Du krähst einem durch Mark und Bein", sprach der Esel, „was hast du vor?" „Da hab ich gut' Wetter prophezeit ein Leben lang", sprach der Hahn. „Aber weil morgen zum Sonntag Gäste kommen, hat die Hausfrau kein Erbarmen und hat der Köchin gesagt, sie wolle mich morgen

in der Suppe essen. Da soll ich mir heute Abend den Kopf abschneiden lassen. Nun schreie ich aus vollem Hals, solange ich noch kann." – „Ei was, du Rotkopf", sagte der Esel, „zieh lieber mit uns, etwas Besseres als den Tod findest du überall. Du hast eine gute Stimme – wenn wir zusammen musizieren, dann werden wir Erfolg haben." Der Hahn ließ sich den Vorschlag gefallen und sie gingen alle vier fort. Sie konnten aber die Stadt Bremen an einem Tag nicht erreichen und kamen abends in einen Wald, wo sie übernachten wollten. Der Esel und der Hund legten sich unter einen großen Baum, die Katze setzte sich in die Äste, der Hahn aber flog bis in die Spitze, wo es am sichersten für ihn war. Ehe er einschlief, sah er sich noch einmal nach allen vier Seiten um. Da meinte er, er sähe in der Ferne ein Licht, und rief seinen Gefährten zu, ganz in der Nähe müsse ein Haus sein, denn er habe ein Licht entdeckt. Der Esel sprach: „So müssen wir uns aufmachen und noch hingehen, denn hier ist die Herberge schlecht." Der Hund meinte, ein paar Knochen und etwas Fleisch dran täten ihm gut. Also machten sie sich auf den Weg in die Richtung, wo das Licht war, und sahen es bald heller schimmern. Es wurde immer größer, bis sie vor einem hell erleuchteten Räuberhaus standen.

Der Esel, als der größte, näherte sich dem Fenster und schaute hinein. „Was siehst du, Grauschimmel?", fragte der Hahn. „Was ich sehe?", anwortete der Esel. „Einen gedeckten Tisch mit köstlichen Speisen und Getränken, und Räuber sitzen daran und lassen sich's wohl sein."
„Das wäre was für uns", sprach der Hahn. „Ja, ja, ach, wären wir drin!", sagte der Esel. Da ratschlagten die Tiere, wie sie es anfangen müssten, um die Räuber hinauszujagen, und schließlich fanden sie ein Mittel.

Der Esel musste sich mit den Vorderfüßen auf das Fenster stellen, der Hund auf des Esels Rücken springen, die Katze auf den Hund klettern, und endlich flog der Hahn hinauf und setzte sich der Katze auf den Rücken. Als das geschehen war, fingen sie auf ein Zeichen gemeinsam an, ihre Musik zu machen: Der Esel schrie, der Hund bellte, die Katze miaute und der Hahn krähte.

Dann stürzten sie durch das Fenster in die Stube hinein, dass die Scheiben klirrten.

Die Räuber fuhren bei dem entsetzlichen Geschrei in die Höhe, meinten nicht anders, als ein Gespenst käme herein, und flohen in größter Furcht in den Wald hinaus.

Nun setzten sich die vier Gesellen an den Tisch, nahmen mit dem vorlieb, was übrig geblieben war, und aßen, als ob sie vier Wochen hungern sollten.

Als die vier Spielleute fertig waren, löschten sie das Licht aus und suchten sich eine Schlafstätte, jeder nach seiner Natur und Bequemlichkeit:

Der Esel legte sich auf den Mist, der Hund hinter die Tür, die Katze auf den Herd bei der warmen Asche, und der Hahn setzte sich auf den Hahnenbalken. Und weil sie müde waren von ihrem langen Weg, schliefen sie auch bald ein.

Als Mitternacht vorbei war und die Räuber von weitem sahen, dass kein Licht mehr im Haus brannte, auch alles ruhig schien, sprach der Hauptmann: „Wir hätten uns nicht ins Bockshorn jagen lassen sollen", und er befahl einem, hinzugehen und das Haus zu untersuchen.

Der Räuber fand alles still und ging in die Küche, um ein Licht anzuzünden. Weil er die feurigen Augen der Katze für glühende Kohlen ansah, hielt er sein Schwefelhölzchen daran, damit es Feuer fangen sollte. Aber die Katze verstand keinen Spaß, sprang ihm ins Gesicht, spie und kratzte. Der Räuber erschrak gewaltig, lief fort und wollte zur Hintertür hinaus. Aber der Hund, der da lag, sprang auf und biss ihn ins Bein. Und als er über den Hof am Mist vorbeirannte, gab ihm der Esel noch einen tüchtigen Schlag mit dem Hinterfuß. Der Hahn aber, der von dem Lärm aus dem Schlaf geweckt und munter geworden war, rief vom Balken herab: „Kikeriki!"

Da lief der Räuber, was er konnte, zu seinem Hauptmann zurück und sprach: „Ach, in dem Haus sitzt eine gräuliche

Hexe, die hat mich angehaucht und mir mit ihren langen Fingern das Gesicht zerkratzt. Und vor der Tür steht ein Mann mit einem Messer, der hat mich ins Bein gestochen. Auf dem Hof liegt ein schwarzes Ungetüm, das hat mit einer Holzkeule auf mich losgeschlagen. Und oben auf dem Dach, da sitzt der Richter, der rief: ‚Bringt mir den Schelm her!' Da machte ich, dass ich fortkam."
Von nun an getrauten sich die Räuber nicht mehr in das Haus.
Den vier Bremer Musikanten gefiel's aber so gut darin, dass sie nicht wieder herauswollten.

Inhaltsverzeichnis

	Seite
Der Wolf und die sieben jungen Geißlein	6
Rotkäppchen	17
Schneeweißchen und Rosenrot	29
Der Froschkönig	41
Schneewittchen	53
Dornröschen	65
Hänsel und Gretel	77
Aschenputtel	89
Der gestiefelte Kater	101
Rumpelstilzchen	113
Rapunzel	125
Tischlein, deck dich!	137
Die Bremer Stadtmusikanten	149